Philippe Schuwer et Dan Grisewood

ont créé cette collection.

Dominique Rist, géographe, a écrit ce livre.

Véronique Herbold a coordonné l'édition.

Anne Boyer a dirigé les illustrateurs :

Marc Lagarde, Barry Mitchell, Jean-Marc Pau,

Étienne Souppart, Valérie Stetten, Jean Torton,

et a réalisé la maquette.

Graffito a réalisé les cartes du livre.

Anne Maignant a recherché la documentation.

Annie Botrel a assuré la fabrication,

Françoise Moulard la correction.

MA PREMIÈRE ENCYCLOPÉDIE

LAROUSSE - 17, RUE DU MONTPARNASSE - 75298 PARIS CEDEX 06

Distributeur exclusif au Canada : les Editions françaises Inc.
ISSN : en cours d'attribution.
ISBN 2-03-651812-5
Composé par Palimpseste, Paris
Photogravé par Goustard, Paris.
Imprimé par New Interlitho, Milan.
Dépôt légal : mars 1994.

N° d'éditeur : 18300
Imprimé en Italie (Printed in Italy)
651812 A février 1995.

Les peuples

LAROUSSE

AMÉRIQUE
DU NORD
OCÉAN
PACIFIQUE
OCÉAN
ATLANTIQUE
équateur
AMÉRIQUE
DU SUD
nombre d'habitants au km2
de 0 à1 habitant
de 1 à 10 habitants
de 10 à 100 habitants
plus de 100 habitants

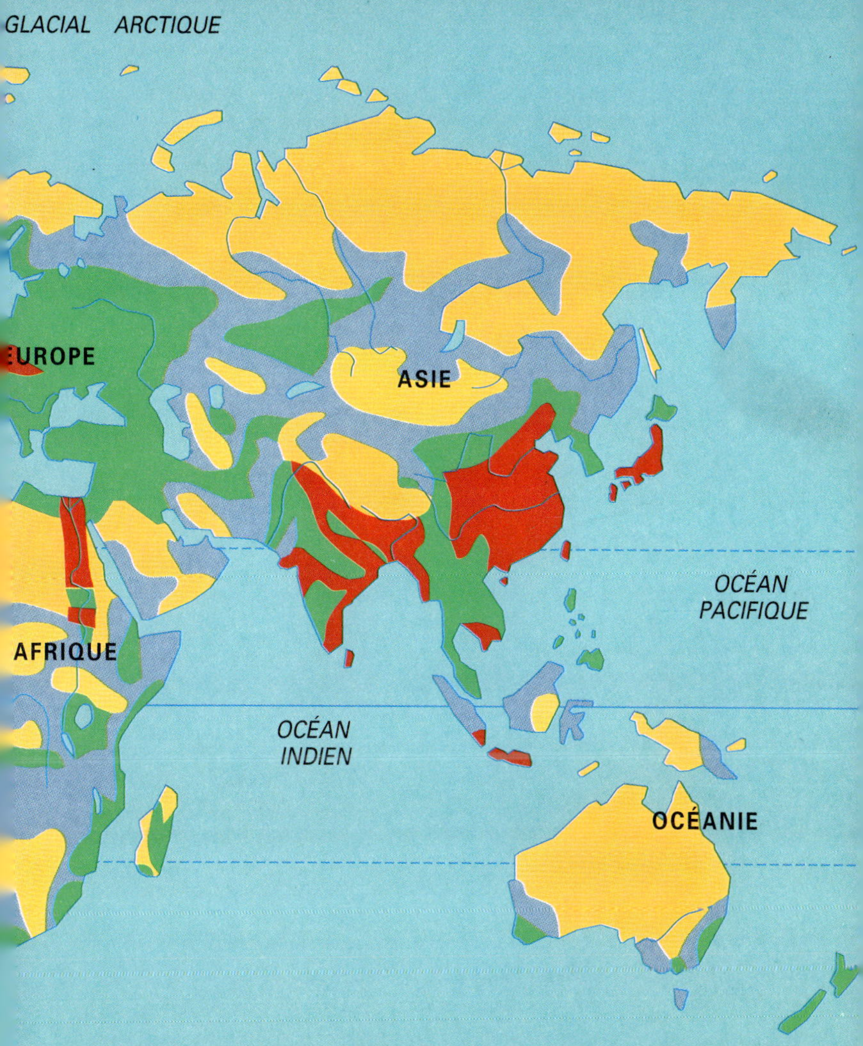

Nous sommes plus de cinq milliards d'hommes sur la Terre. En rouge sur la carte, tu vois les régions peuplées et en jaune les régions presque désertes.

Entrons dans ce livre

HABITER LA TERRE

EN AMÉRIQUE

EN EUROPE

EN AFRIQUE

EN ASIE

EN OCÉANIE

Habiter la Terre

Bonjour !

Il y a près de trois mille langues dans le monde. La langue est l'ensemble des mots qui permet de parler aux autres, d'écrire et de lire.

Certaines langues s'écrivent avec un alphabet, d'autres avec des signes, les idéogrammes. Ces enfants te disent *bonjour !* en plusieurs langues.

Les maisons

igloo

tipi

tente touareg

Les hommes habitent toutes sortes de maisons qu

ferme australienne

maison indonésienne

maison sur pilotis

Elles sont construites tout en bois, sur pilotis, ou e

maison troglodytique

chaumière

hacienda

Creusées dans la roche, ou bâties en pierre, avec

yourte mongole

mobile home

sampan

e déplacent parfois sur la route ou sur l'eau.

maison
en paille

maison en pisé

case

›seau, en terre séchée et en paille.

pavillon

palais

gratte-ciel

éton et du verre, elles sont très différentes.

À table !

Chaque âge, chaque peuple a sa façon de manger

En Arabie, sur des tapis, avec la main droite ;

au Japon, à genoux, avec des baguettes ; en Franc

arfois très rapide, debout ou dans la rue.

n Afrique noire, tous réunis autour d'un plat ;

ssis sur des chaises, avec assiettes et couverts.

Les métiers

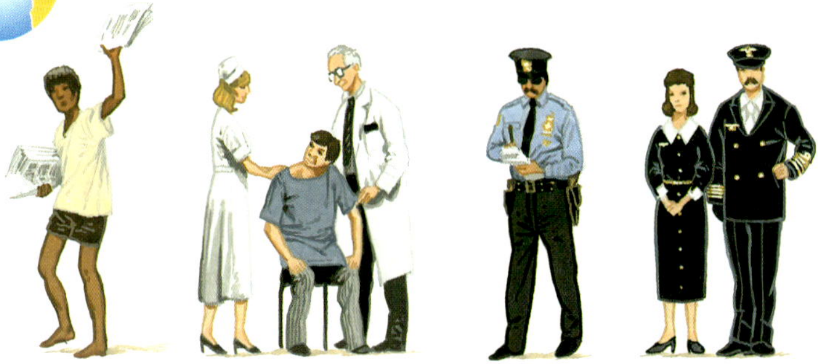

Vendeur de journaux, médecin, policier et pilote

Les artistes créent des œuvres et des spectacles de

Architectes et ouvriers travaillent ensemble pour

ont des métiers, comme marin ou boulanger.

héâtre ou de cinéma, pour le plaisir de tous.

onstruire des tunnels ou des ponts, par exemple.

Les sports

course

saut

haltérophilie

Faire du sport, c'est courir, sauter, muscler son

basket-
ball

tennis

football
américain

Il existe différents sports de balle ou de ballon, de

surf

ski

Seuls ou bien en équip

orps ; c'est aussi patiner sur la glace ou nager.

ıtte et de combat, comme le sumo ou la boxe.

:s sportifs veulent gagner matchs et compétitions.

Les religions

Les églises sont des lieux où les chrétiens se rassemblent pour dire leurs prières.

Dans la ville sainte de Jérusalem, en Israël, le mur des Lamentations est un haut-lieu de la religion des juifs.

Chaque musulman essaie de se rendre en pèlerinage à La Mecque, en Arabie saoudite.

Bénarès, en Inde, est la ville sainte des hindouistes. Les fidèles se purifient en se baignant dans le fleuve Gange.

Les bouddhistes suivent l'enseignement du sage Bouddha. Ils l'honorent dans des temples.

Dans la religion shintoïste, au Japon, ce temple est dédié à la déesse du Soleil, Amaterasu.

Les voyages

Sur la Terre, les hommes voyagent à pied, à cheval,

Ils partent en train, en taxi-brousse et en voiture.

Pour aller très vite, ils prennent le T.G.V., l'avion,

à dos d’âne, de dromadaire, ou encore à vélo.

ls se déplacent en car, en camion ou bien à moto.

e bateau et visitent ainsi les pays du monde.

Sais-tu que...

☐ Les hommes peuplent les cinq continents du globe : ce sont les Américains en Amérique, les Européens en Europe, les Africains en Afrique, les Asiatiques en Asie, les Océaniens en Océanie.

☐ Les hommes ont des couleurs de peau différentes. Ils sont jaunes, noirs, blancs ou métissés.

☐ Les hommes se sont installés dans toutes les régions du monde : dans les plaines, les montagnes, sur les collines et les plateaux, sur les côtes au bord des mers et des océans, dans les régions froides, chaudes ou tempérées.

☐ Le monde compte 191 pays ou États avec chacun leur drapeau, leur capitale, leur monnaie.

En Amérique

La vie des Esquimaux

Les Esquimaux, ou Inuit, habitent près du pôle Nord, là où la glace est présente une grande partie de l'année. Ils portent des habits en peau ou en fourrure. Des vestes à capuche, les anoraks, les protègent du froid et du vent.

Pour s'embrasser, ils se frottent nez contre nez.

Ils se déplacent avec des motoneiges
ou des traîneaux tirés par des.chiens.

L'hiver, les Esquimaux
pêchent sous la glace.
Ils creusent un trou
et attrapent
lcs poissons
au harpon.

Dans les forêts du Nord

Les bûcherons abattent de très gros arbres dans les grandes forêts du Canada, puis empilent leurs troncs sur d'énormes camions.

Amenés vers des scieries, ces troncs seront écorcés et coupés en planches. Le Canada produit beaucoup de bois et de papier.

Au Canada, on récolte le sirop d'érable à la fin de l'hiver. La neige recouvre encore le sol de la forêt. On perce l'écorce et le tronc des érables avec une vrille. La sève s'écoule dans un seau. On la fait bouillir, dans la "cabane à sucre". L'eau s'évapore et la sève se transforme en sirop. Le sirop sert à fabriquer du caramel et aussi à sucrer les pâtisseries.

Les fêtes indiennes

Les Indiens sont les premiers habitants des États-Unis. Dans leurs villages, ou pueblos, ils ont gardé leurs fêtes et leurs coutumes d'autrefois, comme la fête du Maïs.

Les danseurs chantent avec des épis sur la tête pour que la récolte de maïs soit bonne.

Les poupées katchinas sont des jouets en bois sculpté qui représentent les héros des légendes indiennes. Les enfants apprennent ainsi à connaître leur Histoire.

L'homme-médecine tente de guérir un Indien très malade. Il dessine des signes sur le sable.

Les assistants chantent, assis en cercle, pour aider à la guérison du malade.

Une ville américaine

Aux États-Unis, il y a aujourd'hui de grandes villes. De nombreux jeunes y vivent et transforment les rues en terrain de sport.

Ils se rassemblent autour d'un panier de basket-ball accroché au mur d'un immeuble.

Les gratte-ciel sont de grands immeubles, avec des dizaines d'étages, dans lesquels beaucoup d'Américains habitent ou travaillent.

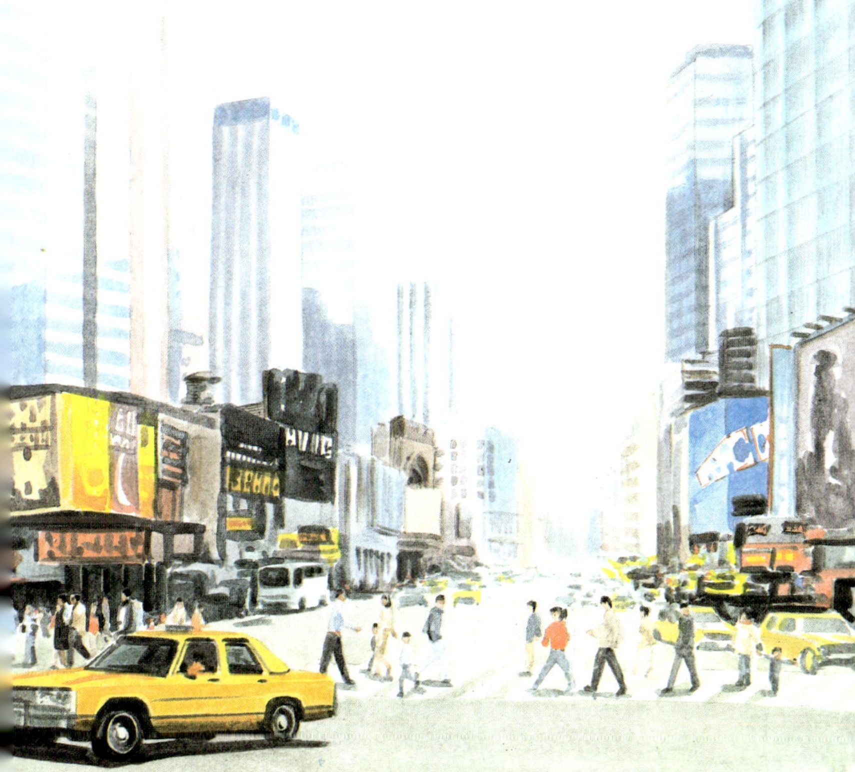

Avec les cow-boys

Les cow-boys vivent et travaillent dans des ranchs, de grandes fermes en Amérique du Nord, où l'on élève des vaches et des chevaux mustangs. Ce sont des cavaliers exceptionnels.

Ils manient le lasso pour rattraper les animaux.

Les cow-boys passent de longues journées à cheval. Ils conduisent les troupeaux d'un bout à l'autre du ranch, pendant des randonnées de plusieurs jours. Ils portent un chapeau de feutre à larges bords et un foulard pour se protéger du soleil, de la pluie et de la poussière. Ils soignent leurs bêtes.

Aux Antilles

Dans les îles des Antilles, il fait chaud toute l'année.

Les Antillais font pousser des bananiers dans de grandes plantations ; les bananes cueillies sont transportées par bateau et vendues dans tous les pays.

Les Antillais sont aussi pêcheurs. Ils partent à bord de yoles ou de gommiers à voile et rapportent beaucoup de petits poissons, des mérous, des sardes. À leur retour, ils font sécher les filets au soleil, sur la plage. Ils les réparent et les recousent, à l'ombre des cocotiers.

Avec les Mexicains

Au Mexique aussi, il fait très chaud. Les maisons sont construites autour de places avec des arcades, où les Mexicains viennent chercher l'ombre, la fraîcheur et prendre leur repas. Sous les arcades, ils mangent des haricots, des tortillas ou des épis de maïs grillés.

Lors des fêtes, les enfants jouent à casser le cerf-volant, ou pinata, avec un bâton pour gagner les bonbons qui sont dedans.

Un marché des Andes

Sur les hauts plateaux des Andes, les jours de marché sont une fête. Les paysans arrivent en camion ou avec leurs lamas pour vendre leurs légumes : haricots rouges, pommes de terre, ignames, maïs, et leurs tissus aux couleurs vives.

Pour le marché, chacun met un chapeau de feutre. Les femmes sont vêtues de jupes très plissées. Elles ont de grands châles dans lesquels elles enveloppent leur enfant et le portent sur le dos. Quand les paysans ont vendu leurs produits sur le marché, ils repartent vers leurs villages avec les outils et les autres ustensiles qu'ils ont achetés.

Les Indiens d'Amazonie

Les Indiens d'Amazonie vivent au cœur de la plus grande forêt du monde. Il y fait chaud et il y pleut beaucoup. Chaque village indien compte quelques familles, qui vivent dans des cases ouvertes. La nuit, on dort dans des hamacs, suspendus aux murs par des lianes.

Les hommes attrapent des tapirs ou des singes. Ils chassent et pêchent avec de grands arcs en bois.

Ils cueillent aussi plantes et fruits dans la forêt.

Au Brésil

Les Brésiliens aiment les carnavals et la musique. Des orchestres se forment souvent dans les rues, comme ici à Salvador de Bahia. Les musiciens frappent sur des tambours africains, les bongos. D'autres improvisent sur des bidons vides, les batucadas.

Un marchand ambulant et une petite fille regardent deux danseurs de capoeira qui miment un combat, au son des batucadas. Chacun multiplie les acrobaties. L'un cherche à éviter les coups que l'autre veut lui donner. Les rues de Bahia sont pleines de danseurs.

Sais-tu que ...

☐ En Amérique, on parle l'anglais et l'espagnol. Au Québec, une région du Canada, on parle le français. Les Brésiliens parlent le portugais.

☐ La feuille d'érable est le symbole du Canada. Elle figure sur le drapeau du pays.

☐ Mexico au Mexique, New York et Los Angeles aux États-Unis, Sao Paulo au Brésil, Buenos Aires en Argentine comptent parmi les plus grandes villes d'Amérique.

☐ La fête des enfants, en Amérique du Nord, s'appelle Halloween. Elle a lieu le 31 octobre. Les enfants se déguisent en sorciers et ils peignent des citrouilles de toutes les couleurs.

☐ La forêt amazonienne abrite des milliers d'animaux et de plantes.

En Europe

Au nord de l'Europe

En hiver, il fait très froid et la glace recouvre les lacs du nord de l'Europe, les étangs et parfois la mer. Les habitants, ou Scandinaves, peuvent faire du patin et pêcher dans des trous sous la glace. Dès qu'il neige, tout le monde se déplace sur des skis de fond. Les sportifs s'entraînent pour la Vasaloppet, une grande course de ski nordique.

En été, les Scandinaves se promènent en forêt, autour des lacs, où ils font du bateau à voile . Certains prennent des bains de vapeur dans une cabane en rondins, le sauna, puis plongent dans l'eau froide pour se rafraîchir.

Une ville d'Europe

La plupart des habitants de l'Europe, les Européens, vivent et travaillent dans des villes où des jardins et des parcs sont ouverts à tous. Les enfants y jouent.

Les citadins s'y promènent pour chercher un peu d'air et de verdure. Parfois, un orchestre vient jouer dans le kiosque à musique. Dans les allées, les statues représentent des personnages célèbres.

Dans le centre des villes, il y a des bureaux, des cinémas, des magasins et des écoles.

L'été, on s'installe à la terrasse des cafés.

Les pêcheurs bretons

En Bretagne, les pêcheurs partent très loin en mer sur des chalutiers. Ils vont pêcher avec de grands filets, les chaluts. Ils prennent des soles, des sardines ou des thons, qu'ils conservent au froid dans leur bateau.

Ils rentrent au port après un ou plusieurs jours de pêche et débarquent immédiatement leur marée, c'est-à-dire tous leurs poissons.

Les poissons frais arrivent dès le lendemain matin sur les marchés des villes.

Aujourd'hui encore, quelques Bretonnes portent le costume traditionnel et la coiffe en dentelle sur la tête.

Dans une ferme

À la campagne, les agriculteurs vivent dans des fermes. Ils se lèvent tôt pour traire les vaches, nourrir les volailles de la basse-cour, préparer le foin pour les bêtes et récolter les légumes.

En Europe, les agriculteurs produisent beaucoup de blé. Ils labourent les champs avec un tracteur et sèment le grain au milieu de l'automne. La récolte se fait avec une moissonneuse-batteuse, en été.

Ils élèvent aussi du bétail pour produire du lait, de la viande et en fournir à d'autres Européens.
Le lait est expédié dans des usines qui fabriqucnt
la crème, le beurre, les yaourts et le fromage.

En Espagne

En Espagne comme dans toute l'Europe, on fait les vendanges en septembre. Les vignerons cueillent les grappes de raisin sur les ceps de vigne et les mettent dans des hottes. Le raisin sera foulé ou pressé pour donner du vin.

Des courses de vachettes ont lieu lors des fêtes, les ferias. Les jeunes se mesurent à une vachette et l'évitent avec adresse, en faisant un saut. Le public les applaudit.

À la montagne

L'hiver, les montagnes se couvrent de neige. Les montagnards accueillent dans leurs villages des skieurs, pour quelques jours de vacances. Les skieurs prennent un téléski pour aller jusqu'au sommet puis descendent une piste, parfois au milieu des sapins.

L'été, les montagnards font paître leurs vaches dans les alpages et récoltent le miel des abeilles dans les ruches.

Chez les Grecs

Les Grecs sont un peuple de marins. Ils conduisent les voyageurs d'île en île sur leurs bateaux.

Les journées d'été sont chaudes en Grèce. Chacun peut s'attabler à la terrasse des cafés et parler avec ses amis.

Les agriculteurs grecs font pousser des oliviers, élèvent des chèvres et des moutons. Souvent, ils transportent leurs produits à dos d'âne.

La fête des gitans

Les gitans sont les "gens du voyage". Ils habitent dans des roulottes ou des caravanes et se déplacent ainsi d'un pays à l'autre. Chaque année, ils viennent de toute l'Europe aux Saintes-Maries-de-la-Mer, dans le sud de la France, pour célébrer une grande fête religieuse, les 24 et 25 mai.

Les gitans vont en procession jusqu'à la mer et plongent dans l'eau les statues de leurs deux saintes protectrices. Pendant ces deux jours de fête, ils chantent et jouent de la musique.

Sais-tu que...

☐ Les plus grandes villes d'Europe sont Moscou en Russie, Paris en France, Londres en Grande-Bretagne, Rome en Italie, et Madrid en Espagne.

☐ Venise, en Italie, est une ville construite sur la mer. Les rues sont des canaux. Les habitants se déplacent en gondoles, des barques noires en bois, dirigées à la rame par un gondolier.

☐ En Belgique et au nord de la France, les enfants reçoivent leurs cadeaux de Noël le 6 décembre, jour de la Saint-Nicolas. En Suède, on fête la Sainte-Lucie à la mi-décembre. En Espagne, en Italie et en Russie, les cadeaux se donnent le jour des Rois, en janvier.

☐ Les Lapons vivent tout au nord de la Suède, de la Norvège et de la Finlande. Ils élèvent principalement des rennes.

En Afrique

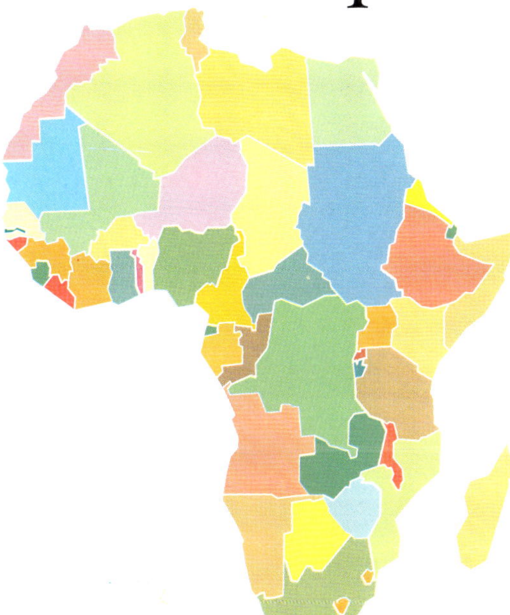

La médina

Au Maroc, on entre par une grande porte dans le vieux quartier des villes, la médina. Celle-ci est entourée de remparts. Les artisans et les commerçants y sont nombreux. Chaque métier a sa rue et son marché, le souk.

Dans leur souk, les tanneurs préparent le cuir. Ils plongent les peaux dans des cuves de colorants.

Puis ils travaillent les peaux et les foulent aux pieds.. Dans d'autres souks, on fabrique des chaussures et des portefeuilles, ou l'on vend des tapis.

Dans le désert

Les Touareg sont des nomades qui traversent le désert du Sahara avec leurs troupeaux de dromadaires et de chèvres.

Le premier homme conduit la caravane de dromadaires à travers le désert. Il connaît la piste la plus sûre pour atteindre l'étape. La nuit, il se repère aux étoiles. Les autres chameliers suivent en file.
Les dromadaires marchent d'un pas rapide et régulier. Ils font une réserve d'eau dans leur bosse et n'ont pas besoin de boire pendant plusieurs jours.

Au Sahara, il ne pleut pas ; il fait très chaud pendant la journée et l'eau est rare. Les nomades vont chercher l'eau dans des puits.

Au bord du Nil

Toute l'Égypte est traversée par un grand fleuve, le Nil. Sans l'eau du Nil, ce pays serait un désert. Les Égyptiens ont donc construit un réseau de barrages, de canaux et de puits qui permet l'irrigation de leurs champs.

Les paysans égyptiens, ou fellahs, font pousser du blé et des légumes dans des champs, le long du Nil. Toute l'année, les norias, des machines spéciales équipées de jarres qui remontent pleines d'eau, alimentent les terres.

Les bateaux à voile qui naviguent sur le Nil sont des felouques.

Une ville africaine

Les villes d'Afrique ont grandi très vite. Chaque année, elles comptent de plus en plus d'habitants, qui s'installent dans des quartiers neufs. La plupart des grandes villes africaines ont un port. Elles se trouvent sur un fleuve ou au bord de l'océan. Elles échangent des marchandises avec d'autres pays.

Chaque ville a un marché
en plein air. Assis devant un étal, on vend
des bananes, des tomates et des épices.
Les femmes portent souvent leurs courses sur
la tête, dans des courges séchées, les calebasses.

Un village de brousse

Dans les villages africains, les femmes préparent ensemble les repas, devant leurs maisons, les cases. Debout ou assises, elles pilent le mil et le manioc, pour faire de la farine et des galettes.

Les cases, construites en pisé, des briques de terre sèche, sont recouvertes d'un toit en chaume. Les villageois fabriquent parfois leurs tissus. Ils récoltent le coton, puis ils le filent et le tissent sur un métier. Ils teignent enfin le tissu avec des couleurs vives.

Les hommes parlent sous l'arbre à palabres, un baobab au centre du village. Certains jouent à l'awalé : ils font avancer des graines dans les douze trous d'un bloc de bois.

La vie sur l'eau

Les habitants de Ganvié, au Bénin, vivent dans des maisons sur pilotis. Les rues sont des canaux. On s'y déplace en pirogue ou en barque. Le matin, les pêcheurs lancent leur filet, puis le tirent plein de poissons à bord.

Au retour des pêcheurs, des femmes du village tiennent un marché sur l'eau. Elles vendent les poissons tout frais pêchés, sur leurs pirogues. Une partie du poisson sera séchée et conservée pour être mangée plus tard.

L'Afrique verte

Au centre de l'Afrique, des hommes font pousser des théiers dans des plantations, ou "jardins", sur les hautes collines vertes et ensoleillées. Ils cueillent les plus belles feuilles de ces arbustes avec soin. Séchées et traitées dans des usines, elles vont servir à faire le thé que nous buvons.

Dans la forêt,
des ponts en lianes
permettent
de traverser
en toute sécurité
les nombreuses
rivières. Les lianes
sont suspendues
à un arbre, sur chaque
rive. Elles résistent
aux pluies très fortes.

Une ferme d'autruches

En Afrique du Sud, il y a des autruches. Ce sont les plus grands oiseaux du monde. Des fermiers les élèvent surtout pour leurs plumes qu'ils vendent très cher.

Les autruches ont des ailes magnifiques, mais elles ne volent pas. Elles ont aussi de fortes pattes.

Elles courent très vite. Elles peuvent porter un enfant sur leur dos sur une centaine de mètres, en courant.

Les touristes admirent
ces gros oiseaux qui se promènent
ensemble sous la conduite de gardiens.
Les autruches femelles couvent leurs œufs
sous un abri. L'éleveur prend soin des oisillons
nouveau-nés. Ils sont fragiles.

Les œufs de l'autruche sont
les plus gros qui existent.

Sais-tu que...

☐ Le Maroc a donné son nom aux maroquiniers, les fabricants de portefeuilles et de sacs en cuir.

☐ Les Pygmées sont un peuple d'hommes et de femmes très petits qui vivent dans la forêt équatoriale. Ils sont d'excellents chasseurs.

☐ Les Masaïs sont un autre peuple africain. Ils habitent dans la savane, près du sommet du Kilimandjaro. Ils possèdent de grands troupeaux de zébus. Ce sont des éleveurs nomades. Ils construisent les maisons du campement en feuillages et en bouse de vache séchée.

☐ En Afrique noire, la robe traditionnelle des femmes est le boubou. Les mères portent leur bébé attaché dans le dos.

En Asie

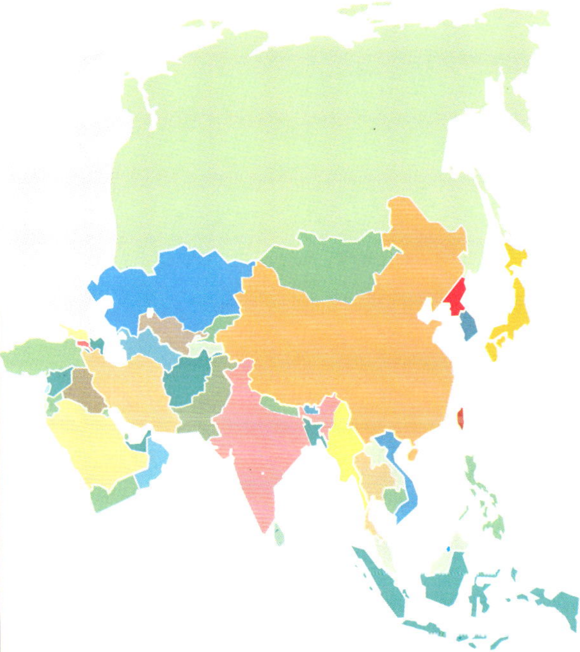

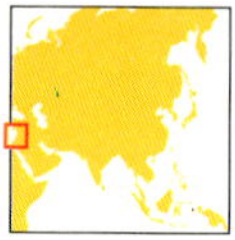

Au kibboutz, en Israël

Le kibboutz est une sorte de village où tous les habitants forment une seule famille, une communauté.

Les habitants du kibboutz travaillent ensemble. Les enfants sont aussi réunis toute la journée. Le soir, ils retrouvent leurs parents.

Les kibboutz produisent des légumes et des fruits. Les hommes expédient des pamplemousses, des oranges et des avocats dans le monde entier. Certains kibboutz fabriquent des jus de fruits.

En Arabie

En Arabie saoudite et dans les Émirats arabes, tous les voyageurs traversent le désert en camion, en voiture ou à dos de chameau. Ils suivent des autoroutes très droites, au milieu des sables, des cailloux et des puits de pétrole.

À la ville comme dans le désert, les hommes portent un manteau ample et un foulard, le keffieh, pour se protéger de la chaleur.

La chasse au faucon est encore pratiquée dans les montagnes. Le fauconnier tient le rapace sur son poing ganté et le lance vers sa proie, au bon moment.

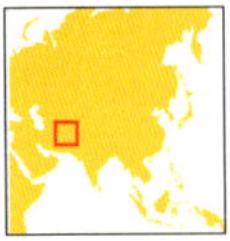

Chez les Afghans

jeu de bozkashi

Les cavaliers afghans pratiquent un jeu traditionnel, le bozkashi. Ils luttent pour saisir une peau de chèvre.

En Afghanistan, les marchés ou bazars sont couverts. Artisans et marchands vendent des tissus de soie, des bonnets de laine, des plats d'étain, des bottes en cuir ou du thé. Ces marchés attirent une grande foule, venue de loin.

Sous une yourte

Pendant toute l'année, les Mongols se déplacent avec leurs troupeaux de moutons et de chèvres. Ce sont des nomades. À chaque nouveau campement, ils dressent leur tente de feutre, la yourte. Elle est ronde et blanche, avec un toit en forme de cône.

Toute la famille vit à l'intérieur de la yourte.
On y fait du feu, on y prépare la cuisine.
La tente résiste aux vents violents
des steppes de Mongolie et protège
de la chaleur comme du froid.
Elle se plie et se déplie facilement.
Elle se transporte à dos de cheval.

Les enfants apprennent
très tôt à monter à cheval.
Ils deviennent vite
d'excellents cavaliers.

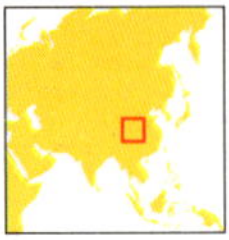

Une ville chinoise

La Chine est le pays du monde qui compte le plus grand nombre d'habitants. Beaucoup de Chinois commencent la journée par des mouvements de gymnastique tai-chi.

Dans les rues des villes, il y a peu de voitures. Les Chinois circulent à bicyclette ou à pied, au milieu des marchands ambulants.

Dans un monastère

Des moines, lamas et bonzes, vivent dans les monastères des hautes montagnes de l'Himalaya. Ils honorent le dieu Bouddha.

Au Bhoutan, les moines sont parfois des enfants. Ils portent de longues robes jaunes ou orange. Dès l'âge de sept ans, ils apprennent les prières et les chants de leur religion. Pendant les cérémonies, ils jouent de la trompe tibétaine.

Au bord du Gange

Les Indiens affluent chaque jour à Bénarès, au bord du grand fleuve sacré de l'Inde, le Gange. La rive gauche du fleuve est bordée de palais et de temples.

Dans les rues proches
du fleuve, des vaches
se promènent
en liberté. En Inde,
les vaches sont
des animaux sacrés.

Au lever du soleil,
les Indiens se rassemblent sur les ghats,
des marches qui descendent vers
le fleuve. Pour être fidèles
à la religion hindoue,
ils se baignent dans
le Gange et se purifient.
Ils récitent leurs prières
et boivent une gorgée d'eau.
Après, ils s'en vont ou passent
le reste de la journée sur les marches.

Dans une rizière

Dans les pays d'Asie, les paysans cultivent le riz. Le riz est une céréale qui a besoin d'eau et de chaleur. Les paysans préparent d'abord les champs. Ils labourent et aplanissent la terre. Parfois, ils utilisent une charrue et des buffles. Ils inondent les champs, qui doivent recevoir une quantité d'eau constante.

Les femmes repiquent ensuite à la main de jeunes plants de riz dans la rizière.

Ces plants ont été élevés dans une pépinière.
Trois mois après, les épis sont mûrs.

On assèche la rizière.
Les villageois coupent les tiges du riz à la faucille puis les font sécher. Les grains sont triés, écossés, tamisés.
On remplit alors les greniers.

À Bali

À Bali, les femmes vont dans les temples le matin, offrir des cadeaux aux dieux pour qu'ils protègent leur foyer. Elles portent sur leur tête des pyramides de riz, de fruits et de fleurs entourés d'une feuille de bananier..

Les petites filles apprennent très tôt à danser. À dix ans, elles participent aux cérémonies. Mais il faut de longues années pour connaître tous les gestes de la danse balinaise.

Chez les Japonais

En entrant dans leur maison, les Japonais ôtent leurs chaussures pour marcher sur des nattes en paille de riz, les tatamis.

La famille mange à genoux autour de la table.

Le matin, chacun range son lit, le futon, dans un placard.

karaté

kendo

judo

Le Japon est le pays des arts martiaux. Au kendo, on combat au sabre. Au judo et au karaté, on se bat à mains nues.

Pendant la fête des enfants, le 5 mai, les cerfs-volants en forme de carpes flottent au vent, au-dessus des maisons.

La calligraphie, ou art de l'écriture, s'apprend à l'école, à l'aide d'un pinceau et d'encre.

Avec les Papous

Les Papous vivent dans de grands villages, en Papouasie-Nouvelle-Guinée. Ils habitent dans des huttes construites en roseaux tressés.

Lors des fêtes, les Papous se peignent le visage et portent des coiffures en plumes et en coquillages.

Les Papous cultivent des légumes et élèvent des porcs pour leur viande.

Les Papous vivent encore comme les premiers hommes. Ils taillent et aiguisent les pierres. Ils fabriquent ainsi des lames, des haches et d'autres outils tranchants. Leurs arcs et leurs flèches sont en bois. Ils font du feu en frottant deux bouts de bois l'un contre l'autre.

Sais-tu que...

☐ Trois hommes sur cinq vivent en Asie, le plus grand continent du monde.

☐ La fête du Nouvel An chinois dure deux semaines. Le dernier jour, on promène un dragon géant dans les rues, pour apporter bonheur et prospérité dans toutes les familles.

☐ En Inde, les femmes portent le sari, une grande pièce de soie drapée autour de la taille.

☐ À Bénarès, les hindous brûlent leurs morts au bord du Gange. Ils dispersent ensuite les cendres dans l'eau sacrée du fleuve.

☐ Les Japonais préparent les sushi avec des boulettes de riz, du poisson cru coupé en lamelles et des sauces épicées.

En Océanie

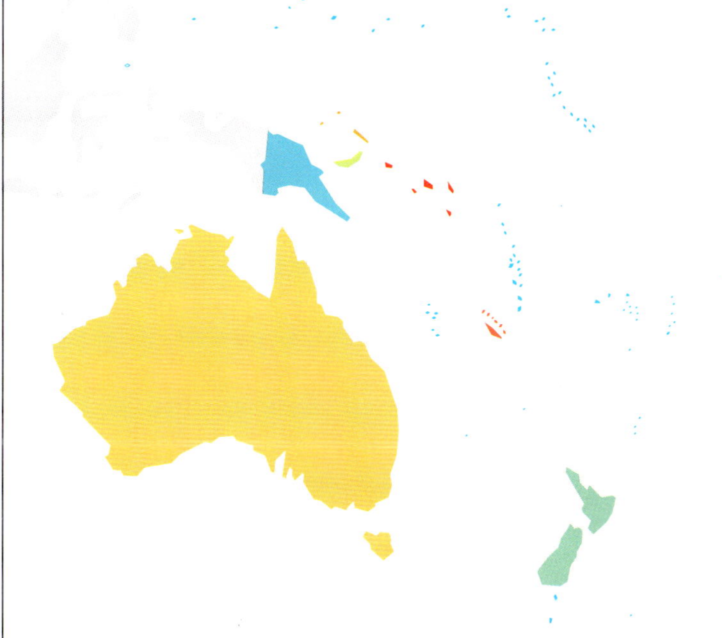

Une ferme en Australie

En Australie, les distances sont très grandes et les fermiers ont un avion pour surveiller leurs immenses troupeaux de moutons. Ils tondent régulièrement les bêtes pour vendre leur laine.

Les enfants des grandes fermes ne vont pas à l'école, qui est trop éloignée de leur maison. Ils écoutent leur instituteur à la radio et lui répondent par micro.

Avec les Aborigènes

Les Aborigènes sont les premiers habitants de l'Australie. Beaucoup vivent à l'intérieur du pays, dans des villages. Ils construisent leurs maisons en bois d'eucalyptus.

Les Aborigènes partent plusieurs jours à la recherche de gibier. Ils chassent le kangourou et d'autres animaux sauvages avec un javelot ou un boomerang. Les javelots ont une flèche en pierre ou en os. Le boomerang est une lame de bois courbe.

Les artistes aborigènes peignent des morceaux d'écorce d'eucalyptus. Ils utilisent des couleurs à base de terres rouges, jaunes ou blanches et de charbon de bois. Des baguettes de bois leur servent de pinceaux.

En Nouvelle-Zélande

Les Néo-Zélandais prennent leur voilier ou leur hors-bord pour faire en famille le tour des nombreuses îles de leur pays, quand le vent ne souffle pas trop fort.

La Nouvelle-Zélande est aussi un pays montagneux où il y a des sources d'eaux chaudes, les geysers, qui jaillissent dans les airs, de temps en temps. Les Néo-Zélandais vont les admirer.

Les Néo-Zélandais aiment jouer aux boules. Ils se retrouvent dans des clubs où ils passent la journée.

Chez les Polynésiens

Dans les îles de la Polynésie, on pêche en pirogue, un bateau creusé dans le tronc d'un cocotier. Les pêcheurs battent l'eau avec des pagaies ; le poisson monte alors à la surface et est attrapé au harpon.

Les Polynésiens récoltent les noix du cocotier, ou noix de coco, qu'ils coupent et font sécher.

Les habitants des îles vont aussi pêcher sous l'eau, dans les récifs de coraux.

Sais-tu que...

☐ L'Océanie regroupe des milliers d'îles, parfois très éloignées les unes des autres.

☐ Les Maoris peuplent la Polynésie. Leurs ancêtres furent aussi les premiers habitants de la Nouvelle-Zélande.

☐ Les Aborigènes d'Australie font de grandes fêtes, les corroborees. Ils se peignent le corps en blanc, et dansent au son du didgeridoo, un pipeau en bambou.

☐ Le surf est un sport pratiqué depuis longtemps en Océanie où il est né.

☐ Le kiwi est le nom d'un oiseau qui vit en Nouvelle-Zélande ; c'est aussi celui d'un fruit plein de vitamines.

Cherchons de A à Z